Der betriebliche Wertschöpfungsprozess. ABC-Analyse, RFID- Technologien, Industrie 4.0

Julian Kornelli

Bibliografische Information der Deutschen Nationalbibliothek:

Die Deutsche Nationalbibliothek verzeichnet diese Publikation in der Deutschen Nationalbibliografie; detaillierte bibliografische Daten sind im Internet über http://dnb.d-nb.de abrufbar.

ISBN: 9783346272126
Dieses Buch ist auch als E-Book erhältlich.

© GRIN Publishing GmbH
Nymphenburger Straße 86
80636 München

Druck und Bindung: Books on Demand GmbH, Norderstedt Germany
Gedruckt auf säurefreiem Papier aus verantwortungsvollen Quellen

Das vorliegende Werk wurde sorgfältig erarbeitet. Dennoch übernehmen Autoren und Verlag für die Richtigkeit von Angaben, Hinweisen, Links und Ratschlägen sowie eventuelle Druckfehler keine Haftung.

Das Buch bei GRIN: https://www.grin.com/document/940597

Einsendeaufgabe

Betriebliche Wertschöpfung

Alternative B

SRH Fernhochschule Riedlingen

Modul: Betriebliche Wertschöpfung

Studiengang: Betriebswirtschaft und Management

Datum: 31.12.2019

Inhaltsverzeichnis

Abkürzungsverzeichnis

ca.   circa

sog. Sogenannte

soz. Sozusagen

z.B. zum Beispiel

Abbildungsverzeichnis

Tabellenverzeichnis

Aufgabe B1

1.1 ABC-Analyse: Definition und Vorgehensweise

Die ABC-Analyse wird in der Betriebswirtschaft eingesetzt und ist ein wichtiges Instrument, um eine große Anzahl an Daten, Objekten, Kunden oder Produkten in einer simplen Darstellung nach Wichtigkeit und Bedeutung zu sortieren, zu analysieren und zu klassifizieren.[1] Beim Nutzen einer ABC-Analyse will man erstens die Komplexität bei großen Datenmengen reduzieren, zweitens eine einfache Anwendung ohne Abhängigkeit von spezifischen Inhalten der Analyseelemente erreichen und drittens eine pragmatische Hilfe heranziehen, um den Ressourceneinsatz zu priorisieren.[2] Voraussetzung für die Durchführung einer ABC-Analyse ist, dass vergleichbare Daten für Analyseelemente vorhanden sind (z.B. Kunden/Umsatz, Kosten/Nutzen, Ressourcen/Kosten) und die Daten über verschiedene Perioden vorliegen, um eine mögliche Dynamik in der Analyse zu erkennen.[3] Da sich der Punkt B 1 auf die Materialwirtschaft bezieht, klassifiziert die ABC-Analyse in diesem Fall Materialien. Die ABC-Analyse ist eine Methode zur Entscheidungshilfe, in der man in A-Güter, B-Güter und C-Güter unterteilt.[4] In der **A**-Gruppe befinden sich die wertvollsten Güter, (deren Menge im Vergleich jedoch gering sind) mit ca. 70-80% des Wertes am Gesamtbeschaffungswert (sehr wichtig). In der **C**-Gruppe befinden sich die Güter mit geringem Wertanteil (und größerer Menge), welcher ca. 5-10% ausmacht (weniger wichtig) und in der **B**-Gruppe sind die restlichen Güter (mit mittlerer Menge) mit ca. 15-25% (wichtig) zu finden.[5]

1.2 ABC-Analyse: Durchführung

Nun wird eine ABC-Analyse zur Ermittlung der Kapitalbindung anhand der gegebenen Materialliste durchgeführt. Es wird eine tabellarische Analyse erfolgen und dann wird diese in graphischer Form aufgestellt.

Aus den gegebenen Daten berechnet man zuerst den wertmäßigen Verbrauch jeder Materialart. Der Preis des Materials (in Euro) multipliziert mit dem mengenmäßigen

---

[1] Vgl. Fleig (2016)
[2] Vgl. Schawel, C. & Billing, F. (2018), S.15
[3] Vgl. Schawel, C. & Billing, F. (2018), S.16
[4] Vgl. Wirtschaftslexikon (2018)
[5] Vgl. Youtube (2015)

Verbrauch pro Jahr ergeben dann den wertmäßigen Verbrauch und somit die Kapitalbindung für diese Materialart. Die Sortierung erfolgt, indem die Materialart mit dem höchsten wertmäßigen Verbrauch ganz oben aufgelistet wird und die mit dem geringsten ganz unten in der Tabelle. Danach wird der prozentuale Wertanteil ermittelt und als nächstes werden die Anteile von der ersten Materialart bis hin zur letzten aufsummiert, bis die kumulierten Wertanteile 100% ergeben. Anhand des Wertanteils und der benötigten Kapitalbindung können die Materialarten in die A-, B- oder C-Gruppe eingeteilt werden. Dies erfolgt jetzt in der aufgeführten Tabelle (Prozent wird auf eine Nach-Komma-Stelle auf- oder abgerundet):

	Material-art	Mengen-mäßiger Verbrauch [Stück]	Preis je Mengen-einheit [€/Stück]	Wert-mäßiger Verbrauch [€]	Wert-anteil [%]	Wert-Anteil Kumuliert [%]	Gruppe
1	M10	56.000	25,00	1.400.000	56	56	A
1	M8	24.500	15,95	390.775	15,6	71,6	A
3	M4	45.000	7,50	337.500	13,5	85,1	B
4	M9	155.000	0,50	77.500	3,1	88,2	B
5	M5	450.000	0,16	72.000	2,9	91,1	C
6	M6	12.530	5,00	62.650	2,5	93,6	C
7	M2	22.500	2,45	55.125	2,2	95,8	C
8	M7	18.500	2,95	54.575	2,2	98	C
9	M1	50.000	0,75	37.500	1,5	99,5	C
10	M3	9.900	1,25	12.375	0,5	100%	C
	Ins-gesamt			2.500.000	100%		

Tabelle 1: Tabelle der ABC-Analyse der vorgegebenen Aufgabenstellung B1

(Quelle: Eigene Darstellung)

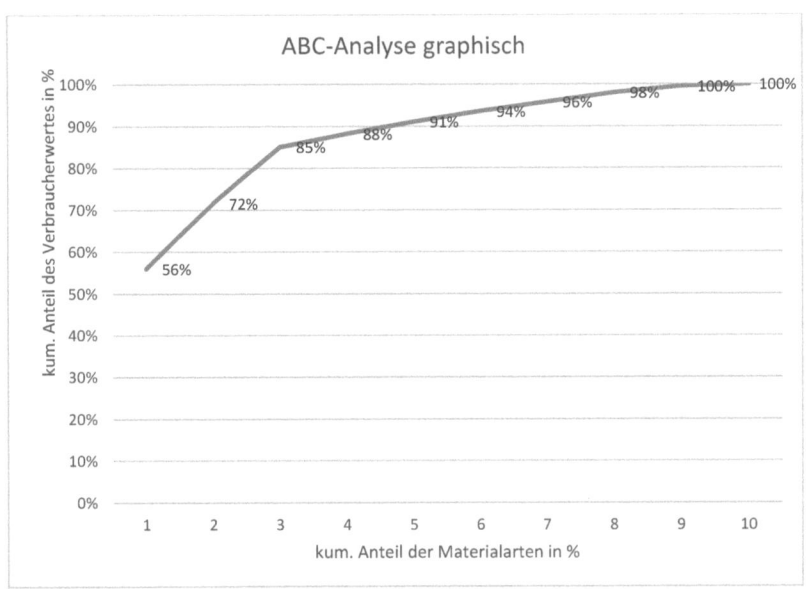

Abbildung 1: ABC-Analyse graphisch der vorgegebenen Aufgabenstellung B1

(Quelle: Eigene Darstellung, Anmerkung: es gibt keine Nachkommastellen)

1.3 Materialkategorien: A-, B-, C-Kategorien

Aus Tabelle 2 ist anhand der Kapitalbindung und der geringeren Menge ersichtlich, dass M10 und M8 die Materialarten sind, die zu den **A- Materialien** gehören. Mit 71,6% Wertanteil fallen sie in den Bereich der wertvollen A- Materialien, welche 70-80% ausmachen. Gefolgt wird dieser von den Materialarten M4 und M9. Zusammengefasst haben diese einen prozentualen Anteil von über 16,6% und werden somit als **B-Materialien** aufgeführt. Die restlichen Materialarten haben alle zusammen einen 11,8-prozentigen Anteil und gehören somit zur Gruppe der **C- Materialien**. Die Materialarten M5 (hohe Stückzahl) und M6 (niedrige Stückzahl, relativ hoher Einzelpreis) sind laut Definition zwischen B- und C- Materialien angeordnet, werden bei mir aber zur Gruppe C klassifiziert.

Als Letztes soll nun geklärt werden, wie man bei der Beschaffung der A-Materialien am besten vorgeht. Falls in der Gruppe A bzw. bei den A-Materialien der Bedarf stetig und die Produktion gut planbar ist, eignet sich hier die fertigungssynchrone

Beschaffung. Wenn der Bedarf hinsichtlich der Anzahl aber unsicher ist, sollte er fallweise bezogen werden.[6] Dennoch muss auf diese Gruppe das größte Augenmerk gelegt werden, weil sie den meisten Umsatz generiert, das meiste Kapital bindet und, wie oben bereits dargestellt, diese Güter die wichtigsten für das Unternehmen sind.

Aufgabe B2

2.1 RFID-Technologie: Definition

Die vier Buchstaben **RFID** stehen für **R**adio- **F**requency- **I**dentification. Auf Deutsch bedeutet dies so viel wie „Funkerkennung".[7]

Aber was ist RFID genau? **RFID** ist ein technisches System, mit dem der kontaktlose Datenaustausch zwischen einem RFID-Transponder und einem RFID-Schreib-/Lesegerät erfolgt. Für die Datenübertragung mit einem passiven Transponder baut das RFID-Schreib-/Lesegerät ein magnetisches oder elektromagnetisches Feld auf, welches den passiven RFID-Transponder mit Energie versorgt. Solange sich der RFID-Transponder im elektromagnetischen Feld des RFID-Schreib-/Lesegeräts befindet, ist dieser mit Energie versorgt und es kann ein Datenaustausch erfolgen, indem eindeutig vergebene Nummern (elektronische Codes) zugeordnet werden. Diese Daten, die aus dem Chip des RFID-Transponders gelesen werden, können so an die Software Systeme im Unternehmen weitergeleitet werden. Auf diese Art lassen sich die Lieferkette und die Produktionskette überwachen.[8]

Es gibt zwei Grundtypen von RFID-Transpondern: den aktiven und den passiven Typ. Aktive RFID-Transponder besitzen eine eigene Energieversorgung, wie z.B. eine integrierte Batterie und die Datenübertragung erfolgt über eine größere Entfernung. Passive RFID-Transponder beziehen ihre Energie für die Datenübertragungen nur aus dem elektromagnetischen Feld des RFID-Schreib-Lesegeräts. Als Zwischentyp gibt es noch semi-aktive und semi-passive RFID-Transponder.[9]

---

[6] Vgl. Youtube (2015)
[7] Vgl. RFID-Grundlagen (2019)
[8] Vgl. Bundesministerium für Wirtschaft und Technologie (2018), S. 5
[9] Vgl. smart-TEC GmbH & Co. KG, (2019)

2.2 Vorteile der RFID-Technologie anhand zweier Beispiele aus der Unternehmenspraxis

2.2.1 RFID gestütztes Tracking von Motorladungsträgern im Mercedes Benz Werk in Berlin

Die Logistik des Mercedes-Benz Werkes in Berlin setzt zum Handling mit Motoren sogenannte Motorladungsträger ein. Diese Metallgestelle werden als eine Art Verpackung für den Transport der Motoren eingesetzt. Nach der Lieferung an den Kunden kommen diese zurück und alle Abläufe werden bisher mit Hilfe von Mitarbeitern und einem Barcode manuell erfasst.

Ziel ist es jetzt vom Logistik Team, diese Motorladungsträger mit einem passiven RFID Transponder auszustatten, damit beim Versand, bei werksinternen Umlagerungen und beim Rücklauf vom Kunden diese automatisiert erfasst werden. Auch können die übermittelten Informationen einen besseren Überblick der jeweiligen Bestände im Werk geben und Aufschluss darüber, wo sich der Motor im Transit befindet, wo es Engpässe gibt, wo Verzögerungen entst und wem diese zuzuordnen sind. Längerfristig kann so der manuelle Aufwand reduziert werden und der Versand der Motoren vollautomatisch erfolgen.[10]

2.2.2 RFID in der Logistik und Filialen bei der Gerry Weber AG

In Zusammenarbeit mit Konsortialpartnern hat das Unternehmen Gerry Weber AG seit 2010 unternehmensübergreifend die RFID Technologie eingesetzt. Als RFID-Pionier war es bisher eine Erfolgsgeschichte für das Modeunternehmen. Im konkreten Fall wurde das Pflegeetikett jedes einzelnen Kleidungsstücks zum textilen RFID-Etikett erweitert. „Hierbei wird der elektronische Produkt-Code mit dem Pflege- oder Preisetikett verbunden – alle Produkteangaben, Warensicherung, Herstellerangaben zur Pflege und der individuelle Elektronische Produkt Code sind darin enthalten."[11]

Es kann somit automatisch die Bewegung der Waren vom Logistikdienstleister über das Warenverteilungszentrum bis zur Auslieferung in die Warenhäuser überwacht

---

[10] Vgl. Bundesministerium für Wirtschaft und Technologie (2018), S.12
[11] Vgl. Gerry Weber, Logistik (2019)

werden. Durch die Transponder entfallen somit die aufwendigen manuellen Scans der Barcodes der Produkte beim Logistikdienstleister und in den Warenhäusern.[12]

Ein Vorteil von RFID im Verkaufsraum ist das optimierte Bestandsmanagement. Bestände in den Verkaufsräumen können durch die intelligenten Regale überwacht werden und zeitgleich wird jeder Verkauf im System registriert. Es gibt keine „out-of-stock-Situationen", da durch mengengenaue Bestelllisten eine dauerhafte Warenverfügbarkeit gegeben ist. Die Kundenzufriedenheit steigt, weil es Liefer- und Termintreue gibt. Preisänderungen auf den Regalen können durch die elektronische Preisauszeichnung jederzeit ohne zeitlichen und personellen Mehraufwand vorgenommen werden, weshalb auch Preisreduzierungen automatisch erfolgen. Vorteilhaft ist auch die Übereinstimmung vom Preis am Regal und dem Warenwirtschaftssystem und die Preise, die reduziert werden, blinken auf dem Display auf.

Durch die automatisch erfassten und registrierten Zu- und Abgänge ersetzt RFID Inventuren. Mit RFID ist sozusagen eine Überwachung der Produkte während des gesamten Lebenszyklus möglich.

Ein weiterer großer Pluspunkt der Technologie ist die Chance, Diebstähle und Manipulation an den Produkten zu verhindern. Erst wenn der Kunde das Produkt bezahlt hat, wird dies aus dem System entlassen, da alles vernetzt ist.

Mittlerweile hat der RFID Pionier Gerry Weber einen Relaunch seines RFID Systems vollzogen. Ab Sommer 2017 wurden die erfolgreichen RFID-Prozesse auf die nächste Stufe gehoben, indem die RFID-Prozesse mit der Filialwarenwirtschaftslösung von SAP verzahnt wurden.[13]

---

[12] Vgl. Bundesministerium für Wirtschaft und Technologie (2018), S.12
[13] Vgl. PR RFID & Wireless IoT Global (2016)

Aufgabe B3

3.1 Das neue industrielle Zeitalter: „Industrie 4.0"

„In einer „intelligenten, vernetzten Welt" wird das Internet der Dinge und Dienste in allen Bedarfsfeldern Einzug halten. Der Wandel vollzieht sich in der Energieversorgung hin zu intelligenten Energienetzen (Smart Grids), bei nachhaltigen Mobilitätskonzepten (Smart Mobility, Smart Logistics) sowie im Gesundheits- und Pflegesektor (Smart Health). In der Produktion führt die zunehmende Intelligenz von Produkten und Systemen, deren vertikale Vernetzung verbunden ist mit einem durchgängigen Engineering und die horizontale Integration über Wertschöpfungsnetzwerke nun zur vierten Stufe der Industrialisierung – „Industrie 4.0".[14]

3.2 Die vier Stufen der industriellen Revolution

Große Veränderungen im technologischen Fortschritt, die Auswirkungen auf einzelne Menschen und ganze Gesellschaftsgruppen haben, bezeichnet man als industrielle Revolution. Es gibt vier Stufen davon, die im folgenden beschrieben werden:

1. **Industrie 1.0:** Am Ende des 18ten Jahrhunderts wurden die ersten Massenproduktionen von Maschinen gestartet und die ersten Produktionsanlagen wurden gebaut. Die meisten Maschinen wurden von Wasser- und Dampfkraft angetrieben. Durch diese industrielle Entwicklung hat die erste Phase neue Arbeitsplätze in Nordamerika und Europa geschaffen.

2. **Industrie 2.0:** Mit Hilfe der Elektrizität startete die zweite industrielle Revolution am Ende des 19. Jahrhunderts. Durch die Einführung arbeitsteiliger Massenproduktion, unter anderem mit Hilfe des Fließbands, musste jeder Mitarbeiter nur noch eine Arbeitseinheit ausführen, was die Produktion beschleunigte. Beispielhaft dafür war die Automobilbranche (eingeführt von Henry Ford).

3. **Industrie 3.0:** Die dritte industrielle Revolution (Beginn ab 1970) war geprägt von weiterer Automatisierung durch Elektronik und IT (Informationstechnik). EDV- und Computergesteuerte Maschinen und

---

[14] Vgl. Kagermann/Wahlster/Helbig (2013), S.23

Roboter haben immer mehr Arbeitsschritte übernommen, für die vorher Handarbeit benötigt wurde.

4. **Industrie 4.0:** Diese industrielle Revolution basiert auf Cyber Physical Systemen, welche nun dezentral und dynamisch gesteuert werden. Durch die Vernetzung über Internet, mobile Computer und Cloud Computing können Kunden, Firmen, Fabriken, Maschinen und Produkte miteinander kommunizieren, stehen in direktem Kontakt und können Informationen und Anforderungen austauschen.[15]

3.3 Begriffsdefinitionen

3.3.1 Industrie 4.0

Mit dem Einzug des Internets der Dinge und Dienste in die Fabrik wird die aktuelle Stufe der Industrialisierung, Industrie 4.0, eingeläutet. Diese ist der vierte große Umbruch in der Geschichte der Industrie. „Es handelt sich um einen tiefgreifenden Wandel der industriellen Produktion, der durch umfangreiche Digitalisierung erreicht wird. Im Fokus steht hierbei die intelligente Vernetzung von Prozessen und Maschinen mithilfe moderner Kommunikations- und Informationstechnologie." Produktivitätssteigerung, Kostensenkungen und eine Flexibilisierung der Fertigung sind die primären Ziele der vierten industriellen Revolution. Letzterer Punkt ist für die hochgradige Individualisierung wichtig. Die zwei Entwicklungen Vernetzung und Selbststeuerung sind relevant für die Erreichung dieser Ziele.[16]

3.3.2 Internet der Dinge

Im Englischen bedeutet Internet der Dinge auch Internet of Things (IoT). Dies steht für die Vernetzung von Gebrauchsgegenständen oder Smart Objects, die miteinander kommunizieren, ohne dass der Mensch eingreift. Smart Objects können z.B. medizinische Geräte, Alarm- und Notfallsysteme, Haushaltsgeräte, logistische Einrichtungen oder Industriemaschinen sein. Es handelt sich dabei um eine Netzwerkform, die die Daten austauscht. Jedes Gerät hat eine eigene IP-Adresse. Somit agieren die Objekte selbstständig und unabhängig miteinander durch eine programmierte Software, jedoch könnte der Mensch in die Prozesse eingreifen. Dennoch wurden diese so programmiert, dass sie sich an die unterschiedlichsten

---

[15] Bundesministerium für Wirtschaft und Energie-Industrie 4.0
[16] Vgl Gambit (2019)

Szenarien und Situationen ohne menschliche Hilfe autonom anpassen. „Die Möglichkeiten sind nahezu unbegrenzt. Die einzelnen Objekte beziehen ihre „Intelligenz" aus integrierten Sensoren und Mikroprozessoren, die es ihnen ermöglichen, über das Internet zu kommunizieren. Da dies auch drahtlos funktioniert, kann ein Gerät an einem beliebigen Standort mit einem Gerät an jedem anderen beliebigen Standort zusammenarbeiten."[17]

3.3.3 Cyber-physisches System (CBS)

In der vierten industriellen Revolution verschmelzen die physikalische Welt und die virtuelle Welt zu sog. Cyber-Physical Systems (CPS). Diese bestehen aus mechanischen Komponenten, Software und moderner Informationstechnik, die zusammen in der Lage sind, Objekte virtuell zu vernetzen, zu steuern, zu testen und zu optimieren.[18] Durch die Einführung des neuen Internetprotokolls im Jahr 2012 steht für die flächendeckende Vernetzung von intelligenten Gegenständen per Internet genügend Adressen zur Verfügung. Dadurch wird die komplette Vernetzung von Informationen, Objekten, Ressourcen und den Menschen möglich und kann auch von der Industrie genutzt werden.[19] Komplexe Infrastrukturen können kontrolliert, geregelt und gesteuert werden. Der Informationsaustausch erfolgt in Echtzeit über Kabel oder drahtlos. Zu den Beständen der Cyber-physischen Systeme gehören Stationäre Maschinen, Anlagen, mobile Einrichtungen und Roboter. Die technologischen Grundlagen für die Cyber-physischen Systeme liefern Wissenschaften wie Mathematik, Elektrotechnik, Maschinenbau, Robotik und Informatik.[20]

3.4 Potenzial von Industrie 4.0

Das Potenzial der Industrie 4.0 besteht nicht nur aus der Optimierung bestehender IT-gestützter Prozesse, sondern weitere Potenziale können erschlossen werden durch eine noch differenzierte Verfolgung von detaillierten Abläufen, welche sich im Globalen auswirken können und vorher nicht erfassbar waren. Im Folgenden werden weitere mögliche Potenziale aufgelistet:

---

[17] Vgl Böttcher (2017)
[18] Vgl. Gambit (2019)
[19] Vgl. Kagermann (2013), S.1
[20] Vgl. Isheim (2018)

Individualisierung der Kundenwünsche

Durch die Vernetzung können kundenspezifische Anforderungen berücksichtigt werden.

Flexibilisierung

Durch die CPS Systeme und die Echtzeit-Vernetzung kann dynamisch in den Geschäftsprozess Einfluss genommen werden. Dies kann u.a. in Bezug auf die Qualität, Zeit, Robustheit, Menge und den Preis stehen.

Optimierte Entscheidungsfindung

Durch die durchgängige Transparenz fällt es leichter, die richtigen Entscheidungen zu treffen und schneller und flexibler auf Störungen zu reagieren.

Ressourcenproduktivität und -effizienz

Durch das CPS können im gesamten Wertschöpfungsprozess die Produktionsprozesse situationsbedingt angepasst werden, damit das übergeordnete strategische Ziel, eine möglichst hohe Ausbringung bei möglichst niedrigem Ressourcenverbrauch, erreicht werden kann.

Ein **Anwendungsbeispiel** kommt hier aus einer Karosseriebauanlage mit Laserschweißtechnologie, indem der Energiebedarf in produktionsfreien Zeiten reduziert wird.

Momentan laufen alle Anlagen in Pausen, in Leerschichten und an Wochenenden mit hohem Energieverbrauch weiter. In diesen Leerzeiten bleibt die Anlage weiterhin eingeschaltet, um beim Produktionsbeginn sofort verfügbar zu sein. Dadurch wird zwölf Prozent des Gesamtenergiebedarfs verbraucht, vor allem von Robotern, Absauganlagen und Laserquellen mit ihrer Kühlung.

Damit die Ressource Energie (Strom) effizienter eingesetzt wird, werden zukünftig die Roboter in den Leerzeiten in eine Art Stand Bye Modus versetzt. Zusätzlich kommen drehzahlgeregelte Motoren in den Absauganlagen zum Einsatz die je nach Bedarf Ihre Leistung anpassen können. Die Laserquellen müssen komplett erneuert werden.

Somit kann hier eine Reduktion von 12 Prozent des gesamten Energieverbrauchs erreicht werden (von 45000 kWh/w auf ca. 40.000 kWh/w).[21]

Wertschöpfungspotenziale durch neue Dienstleistungen

Durch die Erfassung sämtlicher Daten im Wertschöpfungsprozess können diese Datenmengen weiter für innovative Dienstleistungen genutzt werden

Demografie-sensible Arbeitsgestaltung

Durch das interaktive Zusammenspiel von Mensch und Technik gibt es den Unternehmen die Möglichkeit unterschiedliche und flexible Laufbahnmodelle für die unterschiedlichen Mitarbeiter anzubieten.

Work-Life-Balance

Die Betriebe haben durch die Flexibilität mit den CPS Systemen die Möglichkeit, besser auf das steigende Bedürfnis der Arbeitnehmer einzugehen, den Beruf, die persönliche Weiterentwicklung, die Freizeit und die Familie besser zu kombinieren.[22]

3.5 Risiken der stärkeren Vernetzung in der Produktion

Industrie 1.0 bis 3.0 hat sowohl neue Arbeitsplätze geschaffen, als auch Arbeitsplätze verloren. Dies ist auch in der vierten Revolution der Fall. Das wohl größte Risiko aus der Sicht des Menschen ist der Verlust von Arbeitsplätzen in der Produktion und Logistik. Intelligente Maschinen übernehmen mittelfristig die Routinearbeit von Arbeitern. Aus Sicht des Unternehmens ist diese Transformation sehr schwierig für mittelständische Unternehmen, weil diese nicht die finanzielle Mittel für hochmoderne Technologien, neue Systeme und hoch performante Netzwerke aufbringen können. Bevor man diese auch anschaffen will, ist die Wirtschaftlichkeit sehr schwer abzuschätzen. Je länger man zögert und die Entscheidung hinausschiebt, umso größer ist das Risiko des Verlustes der Wettbewerbsfähigkeit. Umschulung von Mitarbeitern ist diesbezüglich auch ein großer Aspekt, da diese die neuen Automatisierungen und Perspektiven kennen lernen müssen. Datenschutz und Datensicherheit gehören ebenfalls zu den unterschätzten Risiken. Kleinere oder mittelständische Unternehmen sind mit diesen großen Hürden nicht vertraut und es müssen deshalb große Investitionen in die IT-Sicherheit vorgenommen werden, um

---

[21] Vgl. Kagermann (2013), S. 31
[22] Vgl. Kagermann (2013), S.19-20

auf den neuesten Stand zu kommen. Auch das Know-how muss aufgebaut werden und ist mit einem hohen Aufwand verbunden. Des Weiteren sind IT-Fachkräfte nicht einfach zu finden und kostspielig. Somit ist auch die Industrie 4.0 mit etlichen Risiken verbunden.[23]

3.6 Persönliches Fazit

Industrie 4.0 ist eine große Bereicherung für die Industrie und Produktion. Abhängig von der Art, Größe und Finanzkraft des Unternehmens sollte jede Unternehmensführung sich mittlerweile mit diesem Thema beschäftigen und in seinem Rahmen die Möglichkeiten der Einbindung in die Prozesse evaluieren. Jedoch stellt sich die Akzeptanz gegenüber Neuerungen als größte Herausforderung dar.[24] Wenn ein international ausgerichtetes Unternehmen dauerhaft erfolgreich sein möchte, muss es sich den Möglichkeiten von Industrie 4.0 öffnen. Innovative Geschäftsmodelle werden immer gefragter und ein neues Arbeiten mit intelligenten Assistenzsystemen weist viele Vorteile auf. Schichtarbeit kann wegfallen und flexible Arbeitszeiten rücken in den Vordergrund, wodurch der Mensch mehr Zeit zur Verfügung hat und Beruf und Familie besser zu vereinen sind. Mit Industrie 4.0 können Ressourcen gespart werden, es kann effizienter gearbeitet werden und die Umwelt wird geschont.[25]

Aufgabe B4

4.1 Begriffsdefinitionen

4.1.1. Absatz

Der Begriff Absatz wird im täglichen Sprachgebrauch häufig mit den Bezeichnungen Umsatz und Verkauf gleichgesetzt. Diese sind allerdings nur Teilaspekte der Funktion Absatz. In der betriebswirtschaftlichen Fachsprache gelten für Absatz mehrere Definitionen. Zunächst versteht man unter Absatz alle Tätigkeiten eines Unternehmens oder eines Betriebes, die der Abgabe der hergestellten Güter und Dienstleistungen auf dem Markt dienen. Hierzu zählen auch die Tätigkeiten der Planung, Organisation, Werbung und Kontrolle. Diese absatzorientierten Vorgänge werden auch mit dem

---

[23] Vgl. Gambit (2019)
[24] Vgl. acatech-Deutsche Akademie der Technikwissenschaften (2019)
[25] Vgl. Möller (2014)

Begriff Absatzwirtschaft zusammengefasst. Des Weiteren bezeichnet Absatz die Schlussphase des güterwirtschaftlichen Umsatzprozesses und umfasst alle notwendigen Aktivitäten zum Vollzug der Leistungsverwertung. Absatz umfasst alle Tätigkeiten, die mit der Überlassung der hergestellten Güter und Dienstleistungen an andere Marktteilnehmer verbunden sind. Drittens bezeichnet Absatz die Menge der in einer Periode durch Verkauf, Verpachtung oder Vermietung abgesetzten Sach- und Dienstleistungen. Die Hauptaufgabe des Absatzes ist der Verkauf, d.h. die Abgabe der Güter und Leistungen gegen Geld.[26] Das eingesetzte Kapital fließt durch die Überlassung wieder in das Unternehmen zurück, so dass wieder Mittel für die Fortsetzung der Produktion zur Verfügung stehen. Unter Absatzpolitik versteht man alle unternehmerischen Entscheidungen und Aktivitäten, die dazu dienen, den Erfolg des Unternehmens am Markt zu sichern. Schließlich wird der Begriff Absatz synonym mit dem Begriff Marketing gebraucht. Marketing ist jedoch eine Unternehmungskonzeption.[27]

4.1.2 Absatzlogistik

Die letzte Stufe in der Wertschöpfungskette ist die Absatzlogistik.[28] Diese „[…] umfasst alle Aufgaben zur Planung, Steuerung, Bereitstellung und Optimierung von Prozessen entlang der Wertschöpfungskette. Die Absatzlogistik umfasst die vollständige Betrachtungsweise aller Prozessvorgänge der Distributionspolitik, die bei der Überführung von Waren eine Rolle spielen. Sie wird daher auch Distributionslogistik genannt. Aufgrund der direkten Verbindung zum Warenumschlagplatz kann für die Absatzlogistik auch die Bezeichnung (absatzseitige) Marketing-Logistik verwendet werden."

Im Folgenden sollen die wichtigsten Aufgaben und Ziele beschrieben werden.

Die Aufgabe der Absatzlogistik ist die externe Marktversorgung. Sie verbindet Produktionslogistik und den nachfragenden Kunden. Als Distributionsprozesse gelten:

- Administrative Auftrags- und Bestellabwicklung
- Lagerung und Bereitstellung von Waren
- Kommissionierung

---

[26] Vgl. Lernhelfer, Absatz (2019)
[27] Vgl. finanzen.net, Absatz
[28] Vgl. Wirtschaftslexikon – Absatzlogistik (2018)

- Verpackung und Versand
- Transport und Übergabe an den Abnehmer

Das primäre Ziel der Absatzlogistik ist die nachhaltige Existenzsicherung eines Unternehmens. Durch eine Minimierung der Logistikkosten bei gleichzeitiger Einhaltung des Lieferserviceniveaus wie Lieferzeit, Zuverlässigkeit und Qualität, und durch Vermeidung von Folgekosten durch Fehler in der Logistikkette, versuchen die Unternehmen einen langfristigen Wettbewerbsvorteil zu schaffen und somit einen größeren Erfolg zu erzielen.[29]

4.1.3 Lieferservice

Der Lieferservice ist „die Leistungsfähigkeit eines Logistiksystems, charakterisiert durch die vom Empfänger (Nutzer) wahrgenommene Qualität von Lieferzeit, Lieferzuverlässigkeit, und Lieferflexibilität."

- Mit der Lieferzeit wird die Zeitspanne zwischen Auftragserteilung und dem Eintreten der Ware beim Besteller verstanden.
- Unter der Lieferqualität versteht man, wie genau die Bestellungen vom Lieferanten nach Menge und Art ausgeführt werden (Liefergenauigkeit) und ob die Ware beschädigt oder unbeschädigt kommt (Lieferbeschaffenheit).
- Die Lieferzuverlässigkeit (Liefertreue) gibt an, wie wahrscheinlich der zugesagte Liefertermin eingehalten werden kann. Abhängig wird sie von der Lieferbereitschaft des Lieferanten und den Arbeitsabläufen gemacht.
- Die Lieferflexibilität will einen reibungslosen Prozessablauf gewährleisten. Sie misst deshalb, inwieweit der Lieferant bei Auftrags- und Liefermodalitäten sowie der Informationspolitik auf die Wünsche der Abnehmer eingeht.[30]

4.2 Vier wichtige Komponenten aus der Absatzlogistik

Vier wichtige Komponenten aus der Absatzlogistik sind: Auftragsabwicklung, Lagereinrichtung, Lagerbestandshaltung und Transport. Diese werden nun näher erläutert und mit einem Beispiel aus der Unternehmenspraxis erklärt.

---

[29] Vgl Logistik KNOWHOW (2013)
[30] Vgl. Wirtschaftslexikon – Lieferservice (2018)

Auftragsabwicklung

„[...] beinhaltet sämtliche formelle Prozesse wie beispielsweise die Auftragsübermittlung, Datenverarbeitung sowie die Kontrolle von Aufträgen; gemessen ab dem Zeitpunkt der Auftragsaufgabe (Bestellung) bis zum Empfang der sogenannten Sendungsdokumente (Rechnung)." Anhand eines Beispiels kann der genaue Ablauf erklärt werden:

1. Ein Kunde bestellt per Internet durch ein Bestellformular neue Kopfhörer der Firma BOSE. Diesen Schritt nennt man die Auftragsübermittlung.
2. Sodann wird dieser Auftrag von der Firma BOSE bearbeitet und die Kundeninformationen werden verknüpft, damit das Unternehmen weiß, wohin die Ware geschickt werden muss. Der Kunde erhält automatisch eine Auftragsbestätigung.
3. Das Unternehmen überprüft daraufhin den Lagerbestand und entnimmt daraus das gewählte Produkt, um es an den Kunden zu versenden.
4. Die Kopfhörer werden verpackt und die Versandpapiere ausgestellt.
5. Danach wird die Ware quittiert und an den Kunden versendet.
6. Zum Schluss wird in der Auftragsabwicklung die Rechnung erstellt und die Transaktion erfolgt.[31]

Funktioniert der Ablauf wie beschrieben und erhält der Kunde die gewünschte Ware zum vereinbarten Zeitpunkt, dann steigert diese Transaktion die Kundenzufriedenheit. Höhere Kosten entstehen, wenn etwas in der Auftragsabwicklung nicht wie geplant funktioniert.

Lagereinrichtung

Ein Teil des Lagers besteht aus der Lagereinrichtung. Sollte der Materialfluss zwischen der Produktion und dem Vertrieb ins Stocken kommen, ist eine Lagereinrichtung erforderlich, um die Ware zwischenzulagern. Es wird unterschieden zwischen unbeweglicher Lagereinrichtungen und beweglicher Lagereinrichtungen.[32] In der Lagereinrichtung befinden sich alle Gegenstände, die zur Aufbewahrung gebraucht werden können; Regale, Schränke, Paletten, Wannen usw. Wichtig ist hierbei die

---

[31] Vgl. Logistik KNOWHOW – Die Auftragsabwicklung (2015)
[32] Vgl. Wirtschaftslexikon – Lagereinrichtung (2018)

sinnvolle Ordnung.[33] Als Beispiel kann die Produktion von Autos herangezogen werden, bei der es oft zu Engpässen kommt. Die Autofirma lagert zwischen, bis mit der Produktion fortgefahren werden kann. Die Halle ist in verschiedene Bereiche aufgeteilt. Kleinteile wie z.B. Schrauben, Kabeln usw. werden aufbewahrt, sowie größere Teile wie Türen, Metallstücke, Sitze. Sobald die Produktion weiter geht, können die Teile entsprechend entnommen werden. Die Lagereinrichtung muss wirtschaftlich geplant werden, um die Kosten zu minimieren.

Lagerbestandshaltung

Bei der Lagerbestandshaltung versucht man auf wirtschaftlich sinnvolle Art und Weise, die Lagerkosten zu senken, ohne das bestehende Servicelevel zu reduzieren. Denn das Betriebsergebnis wird beeinflusst vom Lagerbestand, welcher sich sofort auf die wirtschaftlichen Ziele eines Unternehmens auswirkt. In der Logistik nehmen die Transport- und Lagerkosten die größten Kostenpunkte ein. Eine Optimierung der Lagerbestandshaltung, beispielsweise mit einer ABC Analyse, ist daher von wesentlicher Bedeutung und sehr sinnvoll. Jedoch ist der jeweilige Prozess von Firma zu Firma unterschiedlich. Wichtig ist, dass man den Lagerbestand im Auge behält, ihn regelmäßig bzw. dauerhaft beobachtet. Schließlich geht es um einen dauerhaften Optimierungsprozess, der nicht mit einem Mal abgeschlossen ist.[34]

Transport

Der Transport wird in die 2 Bereiche, innerbetrieblicher Transport und außerbetrieblicher Transport, geteilt. Beim außerbetrieblichen Transport geht es um die Raumüberbrückung mithilfe von Transportmittel und für den innerbetrieblichen Transport steht die „[...] Planung, Steuerung und Durchführung von Aktivitäten der Ortsveränderung innerhalb von Betrieben und Betriebsteilen."[35]

Der außerbetriebliche reibungslose Ablauf des Transports der Ware zum Kunden ist entscheidend für die Kundenzufriedenheit, da der Kunde erwartet, dass die Ware zum vereinbarten Zeitpunkt geliefert wird. Abweichungen davon senken die Kundenzufriedenheit, können zu Reklamationen und Nachforschungen führen und dadurch auch zu höheren Kosten.

---

[33] Vgl. BITO-Lagertechnik (2019)
[34] Vgl. Slimstock GmbH
[35] Vgl. Krieger

4.3 Kosten und Kundenzufriedenheit

Es gilt, die Kosten in der Absatzlogistik soweit wie möglich zu minimieren. Das Unternehmen versucht Transport-, Bestands-, Fehlmengen- und Auftragsabwicklungskosten zu verringern. Gleichzeitig besteht aber auch das Ziel, energieeffizienter und umweltschonender zu liefern.

Abschließend nehmen die drei Punkte Lieferzuverlässigkeit, Termintreue und Transportschadensquote einen entscheidenden Einfluss auf die Kundenzufriedenheit, was gleichzeitig den langfristigen Erfolg sichern soll. Dies bedeutet, dass Kunden umso zufriedener sind, je pünktlicher die bestellten Mengen geliefert werden, und je reibungsloser die Rückerstattungsabwicklung bei beschädigter Ware von statten geht.[36]

---

[36] Vgl. Weclapp (2019)

Literaturverzeichnis

Acatech – Deutsche Akademie der Technikwissenschaften (2019), Zugriff am 29.19.2019, Verfügbar unter https://www.plattform-i40.de/PI40/Redaktion/DE/Downloads/Publikation/akzeptanz-industrie40.pdf?__blob=publicationFile&v=6

Böttcher, S. (2017), Was ist das Internet der Dinge?. Zugriff am 10.12.2019, Verfügbar unter https://www.it-business.de/was-ist-das-internet-der-dinge-a-651368/

Bundesministerium für Wirtschaft und Technologie-Industrie 4.0, Zugriff am 31.12.2019, Verfügbar unter https://eneff-industrie.info/quickinfos/industrie-40/die-stufen-der-industrialisierung/

Bundesministerium für Wirtschaft und Technologie (2018), Intelligente Logistiknetze mit RFID, Zugriff am 31.12.2019, Verfügbar unter https://www.digitale-technologien.de/DT/Redaktion/DE/Downloads/leitfaden-logistik-rfid.pdf?__blob=publicationFile&v=2

Fassbender, M. (2017), Zugriff am 09.12.2019, Verfügbar unter https://wechseljetzt.de/nachrichten/industrie-10-bis-40-von-der-dampfmaschine-zum-robotor/

Finanzen.net, Absatz. Zugriff am 29.12.2019, Verfügbar unter https://www.finanzen.net/wirtschaftslexikon/absatz

Fleig, Dr. J., business-wissen, ABC-Analyse. Zugriff am 29.12.2019, Verfügbar unter https://www.business-wissen.de/hb/mit-80-20-regel-und-abc-analyse-prioritaeten-setzen/

Gabler- Transport, Zugriff am 29.12.2019, Verfügbar unter https://wirtschaftslexikon.gabler.de/definition/transport-47563

Gambit Consulting GmbH (2019), Zugriff am 09.12.2019, Verfügbar unter https://www.gambit.de/wiki/industrie-4-0/?gclid=EAIaIQobChMI_tfO3Nyo5gIVWfBRCh1RywJ8EAAYASAAEgIMRvD_BwE

Gerry Weber, Logistik (2019), Zugriff am 31.12.2019, Verfügbar unter https://group.gerryweber.com/de/konzern/die-gerry-weber-gruppe/logistik/

Isheim, R. (2018), Cyber Physische Systeme, Zugriff am 29.12.2019, Verfügbar unter https://industrie-wegweiser.de/cyber-physische-systeme-chancen-risiken/

Kagermann, Prof. Dr. H, Wahlster, Porf Dr. W, Helbig, Dr. J. (2013), Umsetzungsempfehlungen für das Zukunftsprojekt Industrie 4.0, Frankfurt/Main

Krieger, Prof. Dr. W, Gabler Wirtschaftslexikon, Zugriff am 20.12.2019, Verfügbar unter https://wirtschaftslexikon.gabler.de/definition/transport-47563

Lernhelfer, Absatz (2019), Zugriff am 29.12.2019, Verfügbar unter https://www.lernhelfer.de/schuelerlexikon/politikwirtschaft/artikel/absatz

Logistik KNOWHOW (2013), Zugriff am 17.12.2019, Verfügbar unter https://logistikknowhow.com/materialfluss-und-transport/absatzlogistik/

Mennekes (2019), Zugriff am 10.12.2019, Verfügbar unter https://www.mennekes.de/loesungen-und-leistungen/loesungen-fuer-spezielle-einsatzgebiete/industrielle-anwendungen/energie-und-daten-verteilen-und-vernetzen/

Möller, K.-H. (2014). Industrie 4.0. Zugriff am 29.12.2019, Verfügbar unter https://www.industrie40-info.de/fuenf-gute-gruende

Müller-Marc, O. (2017), ABC-Analyse Grafik. Zugriff am 19.11.2019, Verfügbar unter https://ensego.de/glossar/abc-analyse/abc-analyse-grafik/

RFID-Grundlagen (2019). Zugriff am 27.11.2019, Verfügbar unter https://www.rfid-grundlagen.de/

Pezoldt, P., Gebert, R., (2011), RFID im Handel – Vor- und Nachteile aus Unternehmens- und Kundensicht, Ilmenau

PR RFID & Wireless IoT Global (2016), Zugriff am 31.12.2019, Verfügbar unter https://www.rfid-im-blick.de/de/201603153181/gerry-weber-die-rfid-erfolgsstory-geht-weiter.html

Schawel, C. & Billing F. (2018). Top 100 Management Tools (6. Aufl.), Wiesbaden: Springer

Schmitt, P. (2008), Adoption und Diffusion neuer Technologien am Beispiel der Radiofrequenz-Identifikation (RFID)

Smart-TEC GmbH & Co. KG (2019), RFID-Technologie, Zugriff am 27.11.2019, Verfügbar unter https://www.smart-tec.com/de/auto-id-welt/rfid-technologie

Stiller, G. (2018): Wirtschaftslexikon, ABC-Analyse. Zugriff am 14.11.2019, Verfügbar unter http://www.wirtschaftslexikon24.com/d/abc-analyse/abc-analyse.htm

Wirtschaftslexikon - Absatz (2018), Zugriff am 17.12.2019, Verfügbar unter http://www.wirtschaftslexikon24.com/d/absatz/absatz.htm

Wirtschaftslexikon - Absatzlogistik (2018), Zugriff am 17.12.2019, Verfügbar unter http://www.wirtschaftslexikon24.com/d/absatzlogistik/absatz.htm

Wirtschaftslexikon – Lagereinrichtung (2018), Zugriff am 17.12..2019, Verfügbar unter http://www.wirtschaftslexikon24.com/e/lagereinrichtungen/lagereinrichtungen.htm

Wirtschaftslexikon – Lieferservice (2018), Zugriff am 17.12.2019, Verfügbar unter http://www.wirtschaftslexikon24.com/d/lieferservice/lieferservice.htm

Wirtschaft–simpleclub (2015): Youtube, ABC-Analyse zur Materialklassifikation. Zugriff am 18.11.2019, Verfügbar unter https://www.youtube.com/watch?v=pA0pdo6q2D8